DISCARD

RAFTING
Eaux-vives

Claire Sosso • Chris Paggi
Christian Pedrotti

GAMMA ÉCOLE ACTIVE

Édition originale
© Éditions Gamma
60120 Bonneuil-les-Eaux
Dépôt légal : Septembre 2003.
Bibliothèque Nationale.
ISBN : 2-7130-1999-0

Exclusivité au Canada :
Éditions École Active
2244, rue de Rouen, Montréal,
Qué. H2K 1L5
Dépôts légaux : Septembre 2003.
Bibliothèque Nationale du Québec,
Bibliothèque Nationale du Canada.
ISBN : 2-89069-748-7

Loi n° 49-956 du 16 juillet 1949 sur les
publications destinées
à la jeunesse.

Création - Réalisation :
NEVA Éditions
Direction de collection :
Andréa Lémani
Maquette :
Olivier Espinasse
Avec la collaboration de
Nathalie Bossus

Tous droits de traduction et d'adaptation réservés pour tous pays.

Imprimé en Italie

Sommaire

4 Petit historique

6 Ton matériel et équipement

12 Découvrir la technique

18 Entraînement, échauffement, sécurité

22 Le respect des règles et des autres

24 Tu découvres ton sport

32 Les lieux de pratique

38 Les professionnels, compétitions et champions

46 Glossaire

47 Index

Petit historique

Sais-tu d'où vient cette embarcation qui va te permettre de vivre de passionnantes aventures ? Non ? Alors, voilà quelques informations sur l'histoire de ce grand bateau qui est devenu, au fil du temps, de plus en plus sportif.

C'est aux Etats-Unis que naît le raft, dans les années 50. C'était un bateau qui servait à transporter des hommes et du matériel...

Pendant la Seconde Guerre Mondiale, l'ancêtre du raft, un gros bateau pneumatique, servait à transporter des hommes et du matériel. Les soldats l'utilisaient pour aborder les plages.

Un peu plus tard, ce bateau pneumatique, modifié, servit d'embarcation pour se promener sur les grandes rivières des Etats-Unis. Les promeneurs étaient installés tranquillement à bord. Certains bateaux avaient même un moteur. Le raft est encore loin, mais l'idée du gros bateau pneumatique était née.

> Un bateau pneumatique est un bateau en plastique gonflé d'air. Un peu comme celui que tu utilises à la plage mais le raft est beaucoup plus gros, bien sûr.

Un groupe de kayakistes français l'importe en France. Il s'allège petit à petit. Il devient moins grand. Les descentes sont plus sportives et l'équipage participe activement. Le raft naît alors véritablement.

> Le raft n'a que 50 ans. C'est peu pour un sport pratiqué dans le monde entier.

Ton matériel et équipe

L'élément principal de ton équipement est le raft. C'est le support de ta navigation. Il existe plusieurs modèles, de matières ou de longueurs différentes. Tu pourras les essayer au fur et à mesure de tes expériences et de tes progrès.

Le raft, est cette longue embarcation faite de gros boudins gonflés d'air tout autour du bateau. A l'intérieur, le raft est divisé par d'autres boudins transversaux.

Pour embarquer avec des amis, c'est possible ! De 4 à 10 personnes à bord ! Tu peux choisir entre :

Les mini-rafts : pour 4 à 6 personnes avec le guide qui dirigera l'embarcation (de 3 m à 3,5 m de long).

Les petits raft : pour 6 à 7 personnes (de 3,6 m à 4 m).

Les gros rafts : pour 7 à 10 personnes... (de 4,2 m à 5,3 m ou plus).

> Tu dois choisir le raft en fonction de ton niveau et des conditions.
> Demande à ton moniteur, il t'aidera à choisir le raft qui convient.

Il peut être fabriqué avec une matière imperméable, très solide et très souple. Ces rafts sont parfaits pour les débutants car ils sont très résistants.

On ne va pas toujours où on veut, quelquefois le raft râpe sur les cailloux !

Attention : Les boudins sont sensibles à la chaleur. Il ne faut pas les laisser trop longtemps au soleil. Ils risquent d'éclater ou de se dégonfler.

Les rafts peuvent aussi être fabriqués avec des morceaux de toile assemblés. Il est plus fragile. Attention aux rochers et à l'abordage sur la rive. Mais les boudins sont moins sensibles aux changements de température.

Ton raft est composé de boudins. Un boudin est un gros tube en caoutchouc gonflé d'air.

Ton matériel et équipe

La pagaie ! Voilà l'instrument essentiel du rafting ! Comment pourrais-tu diriger le bateau sans une petite rame, solide et maniable ?

Chaque équipier est muni d'une pagaie. Lorsque les équipiers pagaient, ils dirigent le bateau.
En exerçant une pression dans l'eau, on contrarie l'action du courant, sinon le raft suivrait le courant de la rivière. En pagayant, on peut décider de changer de direction, pour rejoindre la rive ou pour éviter un endroit accidenté.

La pagaie n'est pas attachée au bateau. Le pagayeur la tient à la main.

Tous les équipiers sont munis de pagaie, même le rafteur, chef du bateau assis sur le boudin transversal arrière. On appelle ce type de raft, les rafts à pagaie. On peut les utiliser sur des rivières relativement faciles, jusqu'à la classe IV (voir classification page 34).

L'olive :
C'est le haut de la rame.
Le manche se termine en forme de T, pour mieux tenir la pagaie. La petite barre perpendiculaire s'appelle l'olive.

Le manche :
C'est la partie centrale de la pagaie. Il ressemble à un long tube et se termine en spatule.

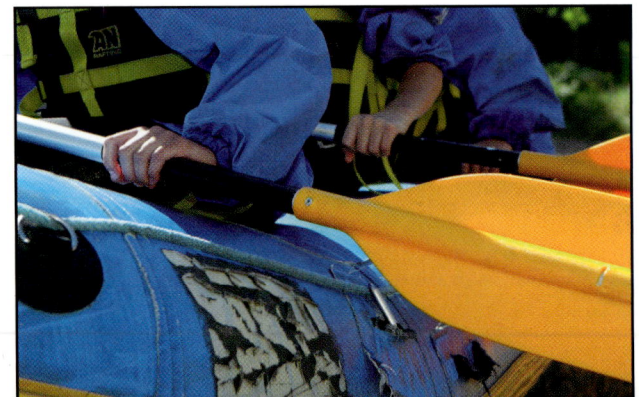

La pale :

C'est la partie basse de la pagaie, la partie immergée dans l'eau. Elle est plus large que le manche. Plus elle sera large et plus elle sera puissante.

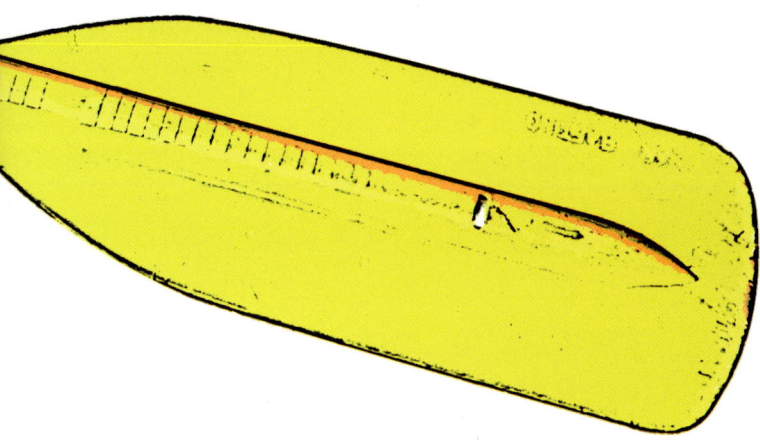

Il existe aussi des rafts à aviron : tous les pagayeurs ont des pagaies sauf le chef qui a des avirons. L'aviron est une longue rame de 3 mètres, plus longue qu'une pagaie. Il est attaché au bateau. Cette rame est très puissante !

> Quelquefois, on attache la pagaie au poignet du pagayeur par un lien lâche, une dragonne, comme celle des bâtons de ski. Cela évite ainsi qu'on la perde trop souvent.

Ton matériel et équipe

L'habillement : une fois le raft choisi avec ton moniteur, il faut t'équiper. Quel grand moment ! Enfiler la combinaison, c'est déjà être sur le bateau !
Voilà tout ce qu'il te faut.

La combinaison isothermique

L'eau des torrents est froide. Il faut te protéger des chocs de température.

En plein soleil, il fait chaud. Tu fais des efforts physiques. Si tu tombes dans l'eau très froide, ce choc thermique s'appelle l'hydrocution. Tu vas pouvoir te protéger en mettant une combinaison qui t'isole de l'eau.

Le casque

Il est indispensable pour tous les rafteurs. Il te protège en cas de chute. On ne choisit pas toujours de tomber à l'eau. Mais, rassure-toi, ça fait partie du sport. Un compagnon peut aussi, dans une manœuvre, te donner un petit coup avec sa pagaie. C'est fréquent au début.

Les chaussures

Il faut aussi protéger tes pieds. Tu peux utiliser des sandalettes de plage. Il faut qu'elles soient trouées pour permettre à l'eau de s'écouler et fermées sur le pied. Il existe aussi des chaussons en néoprène qui peuvent te protéger de l'eau froide.

Sais-tu pourquoi la pagaie, le gilet ou le casque sont souvent de couleurs vives ?
Pour qu'on puisse les voir de loin et les récupérer plus facilement dans l'eau.

Le gilet de sauvetage

Il s'enfile sur la combinaison. Il te permet de flotter en cas de chute dans l'eau. Il s'attache par le devant et permet de te récupérer grâce à un anneau fixé sur le gilet. On utilise le même gilet en canoë ou en kayak.

Te voilà prêt ? Equipé ? Le gilet serré ? La pagaie à la main ? Alors, c'est parti !

Découvrir la technique

Au bord de l'eau avec tes camarades ! Tout équipé, il va falloir monter dans le bateau. Quelques conseils pour commencer :

La position

Tu t'assieds sur le bord du boudin à la place désignée par le moniteur. Pas trop au bord pour ne pas tomber vers l'avant. Ton corps est dirigé dans le sens de la descente, vers l'aval. Tu es légèrement de biais pour pouvoir glisser tes pieds dans les footstraps et passer la pagaie par dessus bord.

Les footstraps sont des sangles attachées au fond du bateau. Pendant la navigation, tu y glisses tes pieds. Ça t'aidera à te maintenir sur le bateau.

Tu tiens la pagaie, une main sur le manche, l'autre sur l'olive.
Te voilà en bonne position pour attaquer une grande descente !

Si tu tombes à l'eau ? Pas de panique. Il y a deux solutions :
- Si tu es près du raft, tu nages vers lui. Tu attrapes la corde très solide qui entoure l'extérieur du bateau, c'est la ligne de vie. Elle est plaquée contre les boudins. Tu te hisses à bord. Tu peux t'aider d'une corde fixée à l'intérieur du bateau. C'est une autre ligne de vie. Et voilà, tu es de nouveau à bord !
- Si tu es loin du raft : tu te mets en position de sécurité : sur le dos, les pieds vers l'avant, la pagaie dans les mains, perpendiculaire à ton corps. Dans cette position, elle fait balancier et t'aide à flotter. Tu nages vers la rive en faisant avec les jambes le mouvement de la brasse. On viendra te chercher.

Aval, amont
On appelle l'aval, la direction dans laquelle coule la rivière et l'amont la partie qui est vers la source. En raft, on ira toujours de l'amont vers l'aval, porté par le courant.

Découvrir la technique

Le plus amusant dans le rafting, c'est de se diriger. Tu peux suivre le courant sans te poser de question mais c'est moins drôle. Et puis, il faut bien s'arrêter à un moment.

Manœuvres essentielles

On peut diriger le bateau en pagayant, en utilisant le poids du raft ou en profitant des mouvements d'eau.

En pagayant : le raft se dirige du côté où les pagayeurs rament.

En utilisant le poids du bateau : pencher le bateau d'un côté le fait tourner dans le sens où s'exerce la pression : si on appuie sur le côté gauche, le raft ira à gauche.

Il faut coordonner les mouvements des pagayeurs pour que l'action soit efficace.

La technique du "bac" consiste à traverser le cours d'eau en luttant contre le courant pour aller "de biais" vers la rive.

En profitant des mouvements d'eau : c'est capital ! Pas de raft sans courants ! Il y a dans la rivière un courant principal qui emporte le bateau vers l'aval. Mais, il y aussi des contre-courants : ce sont des courants secondaires qui vont dans un sens différent que le courant principal. Ils sont provoqués par des obstacles. Ils sont très utiles en raft.

Les stops et les reprises : le "stop" : on cherche à échapper au courant principal qui entraîne le bateau. On utilise un contre-courant. Le raft peut s'arrêter dans une zone plus calme (zone de contre).
La "reprise" : le raft passe du contre-courant au courant principal.

C'est le guide qui donnera les indications pour savoir comme faire : faut-il pagayer à gauche, à droite ? Faut-il quitter le courant principal ? Tu dois attendre ses indications pour exécuter la manoeuvre, sinon le bateau risque d'aller dans tous les sens !

Découvrir la technique

Une fois que tu connais les manœuvres essentielles du bac et du stop, tu pourras perfectionner ta technique.

Manœuvres spécifiques

Comment passer des obstacles importants, des rappels ou des gros rouleaux? Il faut placer le raft à la perpendiculaire en prenant le plus de vitesse possible.

Pour s'arrêter en urgence on dirige le raft vers la rive. Le rafteur désigne deux "jumpers" qui se mettent à l'avant du raft. Des "jumpers", du verbe anglais "jump" qui signifie "sauter". Ils saisissent la corde qui se trouve à l'avant du raft et stabilisent le bateau.

> Pour faire tourner le bateau, on travaille "à contre" : par exemple, l'arrière gauche et l'avant droit du bateau pagayent ensemble : le bateau tourne alors sur la gauche !

Ton moniteur a l'habitude de retourner un raft. Il a dû faire cette manœuvre des centaines de fois.

"La claque"
En langage des rafteurs, c'est une gerbe d'eaux-vives que reçoit le pagayeur dans un moment difficile. Ça réveille ! Et c'est très amusant !

Quand le bateau se retourne, ne t'inquiète pas. Le rafteur, saisit une petite corde de 1m50 de long équipée de mousquetons à chaque extrémité, l'accroche à son gilet et l'autre bout à la ligne de vie du bateau. Il se penche en arrière pour faire contre-poids et le bateau se remet à l'endroit.

Entraînement, échauffe

Le raft est un sport collectif qui nécessite du matériel. Il faut t'adresser à un club sportif qui pratique cette activité.

Comment ?

Les associations et les clubs ont du matériel…. et les moniteurs qui t'encadreront. Ils se trouvent à proximité des rivières et ils s'occuperont de tout.

Plusieurs formules sont possibles : un baptême de quelques heures pour découvrir l'activité, une descente plus longue au cours d'une après-midi ou des stages d'une semaine d'initiation ou de perfectionnement.

ment, sécurité

Le prix comporte généralement la descente, le transport près de la rivière et le prêt du matériel !

Tu n'as qu'à choisir ! Le club s'occupe de tout ! Alors ? Baptême ou stage ?

Entraînement, échauffe

Quand ?

On peut pratiquer le raft toute l'année si la rivière a suffisamment d'eau et s'il ne fait pas trop froid. La meilleure saison est le printemps ! A cette époque, la neige des montagnes, en fondant, se transforme en eau et vient grossir les rivières. Le débit est alors plus important. Le courant a plus de puissance.

On peut aussi profiter de ce que l'on appelle les "lâchers d'eau" : Sur certains torrents et rivières, des barrages ont été construits. Ils retiennent une partie de l'eau. Quand on a besoin d'évacuer l'eau, on ouvre les vannes pour que l'eau s'écoule. C'est ce que l'on appelle le "lâcher d'eau". C'est parfait pour les rafteurs : plus d'eau, plus de débit, plus de courant, les rafteurs se tiennent près à embarquer !

ment, sécurité

Comment évacuer l'eau qui s'accumule dans le bateau ?

A la main, avec un récipient (une écope) ! Un pagayeur ramasse l'eau et la jette par dessus bord. Mais le plus souvent, l'eau se vide toute seule par des petites ouvertures dans le fond du bateau (rafts autovideurs). Dans ce cas, tu n'as rien à faire !

Les barrages

Tu as sûrement déjà vu ces constructions : ce sont des "murs" que l'on a bâti pour retenir l'eau. Ces barrages servent souvent à la production de l'électricité.

Le respect des règles

Tout sport comporte des risques. Mais, si tu respectes les règles, tu ne cours aucun danger.

Il faut savoir nager et être en bonne condition physique... Il faut pagayer dur ! N'oublie pas le matériel nécessaire : combinaison, gilet. Un vrai rafteur ne sort pas en maillot de bain !

Tu dois être à l'écoute des conseils du moniteur ! Pour diriger le raft, c'est lui qui t'aideras à choisir la bonne manœuvre. Il connaît bien la rivière. Et puis, il peut toujours prévenir le centre grâce à une radio et trouver de l'aide.

et des autres

Tous les gestes comptent et les autres ont besoin de toi. Si chacun fait ce qu'il veut, comment le bateau va t-il réagir ?

Tout le monde est embarqué dans la même aventure. Alors, sois patient avec tes coéquipiers.

> Le fair-play (prononce : [fair-plai]) : ce mot d'origine anglaise désigne l'attitude du sportif qui sait respecter les règles du jeu. Un joueur fair-play est loyal : il connaît les règles et les applique. Il respecte ses coéquipiers et ses adversaires.

> Attention au soleil ! Il fait beau. Le cadre est magnifique. L'eau est fraîche et vous vous préparez à une belle descente. Mais gare aux coups de soleil ! Ils pourraient tout gâcher !

Tu découvres ton sport

Tu connais l'histoire du raft mais tu te demandes à quoi peut ressembler une descente. Quelles sont les sensations ? Que faut-il faire ? Peut-on contrôler le bateau ? Et, bien, Vincent va te raconter sa première expérience. Quelle aventure !

Prêt, tout équipé, sur le rivage. Le moniteur me donne une pagaie. J'enjambe le bateau. Je m'assois à l'arrière gauche comme me l'a dit le moniteur.
Tout le monde est prêt ? Oui ! Le moniteur nous demande de pousser sur le bord avec nos pagaies. Je sens qu'on est entraîné par le courant !

On suit le courant central. Le bateau avance tranquillement. Je tiens ma pagaie au dessus de l'eau. C'est agréable ! Les arbres ont l'air de s'écarter pour nous laisser passer. Le moniteur nous demande de nous préparer.

A peine le temps de le dire que je sens des éclaboussures sur mon visage. Ça va beaucoup plus vite. L'eau est blanche autour de nous. Ça bouge et mon corps est tiré vers l'arrière.

Mes pieds sont glissés sous une sangle au fond du bateau, je ne peux pas tomber. Le bateau tourne vers la droite. Le moniteur demande de pagayer : je plante la rame loin devant et je tire de toutes mes forces. Le bateau se remet droit.

Le moniteur nous donne pleins de conseils, nous félicite. Encore des gerbes d'eau ! Ça réveille. Il faut pagayer… Encore un virage, des remous, une branche à éviter, puis d'autres remous ! Ç'est tellement bien que je n'ai pas vu l'heure passée. J'aimerais continuer ! Promis, on recommence demain !

Tu découvres ton sport

Il y a plusieurs façons de faire du raft : tu peux descendre une rivière tranquillement ou sportivement, quelques heures ou plusieurs jours, avec tes coéquipiers ou à plusieurs rafts...

Le raft "découverte"

Le "baptême" sera ta première expérience. Tu pars pour une heure ou une heure et demie de descente. Ça passe très vite ! Tu n'as pas besoin de connaître la technique pour faire un "baptême". Ton moniteur t'expliquera.

Tu découvriras des sensations de vitesse et d'eau fraîche.

Après les longues descentes, tu embarques pour quelques heures ou pour une demi-journée. Tu descends de petits tronçons, peu agités au début, de classe III ou III+. Tu avances à bonne allure mais tu as le temps de contempler le paysage ! C'est calme et reposant !

Conseil

Tu peux tenir un journal de bord où tu noteras tes descentes : le lieu, la difficulté, la durée de la descente, le type de raft, le nombre de participants…. Tu peux noter tes impressions ou les manœuvres que tu as exécutées. Demande au moniteur de le signer ou de mettre le tampon du club. Tu verras : tu aimeras relire ces souvenirs !

Tu découvres ton sport

Tu peux aussi pratiquer le raft randonnée !
Ah ! les départs pour plusieurs jours dans des paysages sauvages ! Les longues descentes entre amis ! La nuit à la belle étoile !

Le raft "randonnée"

Tu pars pour une journée ou plusieurs jours. Tu navigues sur des rivières qui présentent quelquefois des passages animés. Voilà des remous ! Il faut être réactif, suivre les conseils du moniteur et aider à passer l'obstacle ! C'est sportif, et toujours amusant ! Quand la rivière est plus calme, tu te prépares pour le prochain passage.

Pause déjeuner ! Il était temps ! Technique du "bac" ! Les jumpers sont prêts ? Accostage ! Et nous voilà sur le bord. On déplie le pique-nique. Il faut bien prendre des forces !

Pour plusieurs jours, vous dormirez le long de la rivière sous des toiles de tente. Avant de dormir, le moniteur fait le point sur la journée. On réfléchit aux prochaines haltes. Tu t'endors ! Les étoiles veillent sur toi.

Plus tard, avec l'expérience, tu pourras partir pour des expéditions encore plus longues, découvrir des pays magnifiques et des endroits qui ne sont accessibles que par la rivière.

Certains rafteurs ont navigué un peu partout : aux Etats-Unis dans le Grand Canyon du Colorado ! En Afrique sur le Zambèze ! Au Canada sur la Magpie !

Tu découvres ton sport

Davantage d'action ? Essaie le raft sportif ! Tu devras enchaîner les manœuvres, garder ton souffle et attaquer les grands rapides. Attention ! Ça secoue !

Le raft sportif

Le raft sportif se pratique essentiellement sur des petits tronçons de 20 mn à 1h30. On choisit des bateaux de 4 ou 5 pagayeurs. Le raft doit être maniable pour des obstacles nombreux.

Le raft sportif commence à la classe V. Il faut qu'il y ait suffisamment d'obstacles pour que l'exercice soit amusant. Il existe des parcours de toutes les difficultés.

Avant la grande aventure, tu auras repéré le parcours avec ton moniteur. Pour le raft sportif, pas question de se lancer sans savoir où on va. On observe d'abord le parcours de la rive.

On pratique souvent le raft sportif à plusieurs bateaux. C'est plus amusant et on s'entraîne les uns les autres. On fait toujours un peu la course même si ce n'est pas véritablement une compétition.

Pour commencer le raft sportif, il faut que tu aimes la vitesse et les obstacles, être aspergé d'eau, pagayer vite sur les conseils du moniteur, être secoué aux changements de direction. Beaucoup de sensations en peu de temps ! Il faut planter la pagaie solidement dans l'eau et tirer de toutes ses forces !

Il faut réagir et coordonner ses mouvements avec son équipe pour passer l'obstacle.

La descente finie, on est fier d'avoir bien négocié le rappel, d'avoir anticipé le pleureur. Les claques étaient nombreuses. On en parlera encore longtemps...

Les lieux de pratique

LES EAUX-VIVES : Pour pratiquer ton sport, tu as besoin d'une eau "agitée" : elle doit faire des remous, de petites vagues…. Si l'eau est parfaitement plate, tu vas t'ennuyer. On appelle ces eaux vivantes et agitées, les "eaux-vives". On les trouvent essentiellement dans les torrents et les rivières, le plus souvent en montagne.

Les remous dans la rivière sont des mouvements provoqués par des obstacles : en rencontrant un rocher, le naturel de l'eau est contrarié.

On ne navigue presque jamais sur la totalité d'une rivière. Le moniteur choisira un tronçon, particulièrement intéressant pour le raft : on pourra mettre facilement le raft à l'eau ou l'en sortir. Il y aura des passages amusants et pas trop difficiles…

Sur une rivière non modifiée qui se prête naturellement à la pratique du raft.

Sur une rivière aménagée : on a rajouté des rochers ou ralenti le débit de l'eau par un petit barrage. Le cadre reste entièrement naturel, bien sûr. On l'a juste un peu "arrangé", en respectant la nature et la beauté du paysage.

Quelquefois, il n'y a pas de rivière naturelle dans la région. Pour faire du raft, du canoë ou du kayak : on a construit des parcours artificiels qui imitent les rivières, on a creusé des canaux, posé des obstacles. Avec des propulseurs, on fait couler de l'eau en circuit fermé. Et voilà, le tour est joué! On a construit une petite rivière.

Il existe quatre sports d'eaux-vives : Le canoë, le kayak, la nage en eaux-vives et... le raft, bien sûr.

Les lieux de pratique

LE CLASSEMENT DES RIVIÈRES : Toutes les rivières ne présentent pas les mêmes difficultés. Voilà le classement international des torrents et quelques obstacles que tu peux rencontrer sur l'eau.

Les niveaux de difficultés des rivières :

On classe les rivières en 6 catégories, avec tous les éléments qui permettent de décrire une rivière : son tracé, son encombrement, sa pente, sa vitesse, son débit, sa largeur…
On peut la décrire précisément !

CLASSE I	Très facile	Rivière calme avec très peu de courant et de remous.
CLASSE II	Facile	Rivière calme présentant par endroit des remous ou un courant plus fort.
CLASSE III	Moyennement difficile	Présence d'encombrements : ça bouge ! mais les obstacles restent visibles.
CLASSE IV	Difficile	Fort courant et important dénivelé : les manœuvres sont rapides et fréquentes.
CLASSE V	Très difficile	Gros rapides : il faut avoir soigneusement reconnu le terrain avant.
CLASSE VI	Extrêmement difficile	C'est uniquement pour les professionnels.

Les lieux de pratique

Les obstacles pour t'amuser

Sans obstacle, on s'ennuie un peu : la rivière est droite et lisse. Il te faut du mouvement. Voilà quelques exemples de situations que tu peux rencontrer :

Un petit renflement de l'eau, une petite bosse en quelque sorte : on l'appelle un pleureur. Il cache une racine ou un caillou sous l'eau.

Tu rencontreras tout un tas de situations comme celles-là, très amusantes...

Les remous, certains s'appellent des "rappels" : l'eau tourbillonne à la base d'un obstacle, comme dans une machine à laver. Ton moniteur veillera à les éviter, bien sûr.

Les virages, tu verras, c'est amusant : quand la rivière tourne, le raft est attiré par la rive : il a tendance à partir sur le côté (on appelle cela le drossage).

Les professionnels, com

Et pourquoi ne pas devenir à ton tour moniteur de raft ? Quand tu auras fait de nombreuses descentes et que tu auras suivi un enseignement, tu pourras à ton tour encadrer des débutants.

Pour être chef de raft, tu peux avoir deux diplômes, un monitorat ou un brevet d'état :

Le monitorat

Le monitorat est un diplôme fédéral. Il permet d'être moniteur. Tu dois savoir qu'un moniteur n'est pas payé pour son activité.

La formation se fait en deux temps : on est d'abord "initiateur", puis "moniteur". Le moniteur connaît très bien les sports d'eaux-vives et descendre des rivières difficiles mais il ne peut pas accompagner un groupe partout.

Le monitorat

Un initiateur peut encadrer les groupes sur des rivières classes II, passage III

Un moniteur peut encadrer les groupes sur des rivières classes III, passage IV

pétitions et champions

Il n'existe pas de fédération française de rafting. L'activité dépend de la fédération française de canoë kayak (F.F.C.K.).
Un moniteur de raft est souvent aussi moniteur de kayak. Il a suivi une formation en kayak et il connaît le raft, la nage en eaux-vives...

Le brevet d'état

Ce brevet est un diplôme d'état. Il permet d'encadrer des groupes et de donner des cours. Il faut suivre des cours qui concernent tous les sports. Ensuite, on en choisit un et on apprend les techniques que demande ce sport. Le brevet d'état permet d'être payé et d'encadrer des groupes sur des rivières plus difficiles.

Tu peux aussi devenir "trip leader": le trip leader organise les déplacements de plusieurs rafts. Il a été rafteur pendant deux ans et a effectué au moins 100 descentes.

Les professionnels, com

Une fois que tu as acquis un bon niveau de raft, tu peux avoir envie de te mesurer aux autres pagayeurs.

Il n'existe pas encore de compétitions officielles.
Cela ne signifie pas que tu ne peux pas te mesurer aux autres équipages. Il existe quelques manifestations. Elles sont souvent réservées à des rafteurs expérimentés.

Le Grand Prix des Arcs est une des manifestations les plus connues. Il a lieu en France, sur l'Isère. Cet événement a lieu au mois de juillet et réunit près d'une trentaine de rafts. La tension est vive car l'enjeu est important. Chaque équipe essaie de remporter le prix !

Les équipages qui participent à une course ont l'habitude de naviguer ensemble. Ils connaissent parfaitement le bateau. Les rafteurs ont une grande expérience et peuvent descendre des rivières de classe élevée.

pétitions et champions

Les professionnels, com

pétitions et champions

Il existe aussi des courses entre écoles ou clubs. Ce ne sont pas des compétitions nationales mais elles permettent à des clubs d'une même région de se rencontrer et de s'affronter !

> Le plus difficile dans le triathlon (raft, kayak et nage en eaux-vives), c'est d'être très bon dans les trois sports à la fois. Ce n'est pas facile !

Si les autres sports d'eaux-vives t'intéressent, sache qu'il existe des courses qui associent le raft, le kayak et la nage en eaux-vives. Tu devras faire successivement des parcours dans les trois sports. C'est une course d'endurance, un triathlon.

Les professionnels, com

Christophe Druel a bien voulu nous parler du raft, un sport qu'il pratique depuis près de dix ans. Il est aujourd'hui responsable d'une des plus grandes bases d'Europe, la base A.N. Rafting à Thonon-les-Bains, près de la Suisse.

Christophe gère toutes les activités sportives de la base : la nage en eaux-vives, le canyoning et bien sûr le raft, sport essentiel du club. Il dirige plus de dix moniteurs qui dispensent les cours et organisent les activités.

C'est par la nage en eaux-vives que Christophe "se met au raft". C'est une passion ancienne puisque, dès 1987, il descend les rivières avec son père "sur... de vieilles chambres à air gonflées, recouvertes de toile épaisse qu'il fabriquait lui même..."

pétitions et champions

Pour lui, le raft permet de découvrir des paysages magnifiques et de vivre des sensations fortes.
C'est un sport complet : il faut avoir du tonus, être adroit et être attentif aux gestes des autres rafteurs.

Les enfants sont attirés tout de suite par le raft. Pour Christophe, ce qui leur plaît, c'est "la possibilité de naviguer tout de suite sur des rivières remuantes". "Puisque le raft est un gros bateau où le moniteur peut embarquer, on peut tout de suite pratiquer des tronçons de classe II à IV…" C'est tout de suite passionnant…

A.N.-Rafting est un club qui a développé très tôt le raft. C'est une des grandes références dans le monde du raft.
Les initiales A. N. dans A.N.- Rafting signifient Aventure Nature… bien sûr… l'aventure et la nature, les deux composantes essentielles du raft !

Glossaire

AMONT : on appelle l'amont le "haut" de la rivière, la source.

AVIRON : longue rame fixée à l'embarcation. Elle permet au rafteur central de diriger le bateau dans les passages les plus agités.

AVAL : on appelle l'aval le bas de la rivière, le sens dans lequel elle s'écoule.

CLAQUE : projection importante d'eau sur les rafteurs dans un passage difficile.

DROSSAGE : phénomène dû au courant : dans un virage, le bateau a tendance à être déporté à l'extérieur du virage.

FOOTSTRAPS : sangle qui maintient au sol les pieds du pagayeur.

JUMPER : nom donné aux pagayeurs qui vont sauter sur la rive pour immobiliser le bateau lors d'un retour à terre.

LIGNE DE VIE : corde qui te permet d'attraper le bateau si tu tombes à l'eau. Elle entoure le bateau à l'extérieur (ligne de vie extérieure) et à l'intérieur (ligne de vie intérieure).

OLIVE : partie supérieure de la pagaie qui permet de la tenir.

PAGAIE : équipement essentiel du rafteur. Cette rame t'aide à diriger le bateau en le poussant dans l'eau.

PLEUREUR : petit renflement à la surface de l'eau qui cache un obstacle, une pierre ou une branche le plus souvent.

RAFTEUR : chef du raft, il donne les ordres et s'assoie au milieu du boudin arrière. On appelle aussi quelquefois "rafteurs" tous les membres du raft, qu'ils soient chef ou non.

RAPPEL : phénomène propre à l'eaux-vives. L'eau crée un tourbillon à la base d'un obstacle.

TRIP LEADER : organisateur principal d'une expédition en raft. Il s'occupe de l'organisation et de la reconnaissance du parcours. C'est un rafteur expérimenté.

Index

Abordage	p.7	Pagaie	p.8,9,10,11,13,24
Amont	p.13	Pale	p.9
Aval	p.15	Pleureur	p.31,36
Aviron	p.9	Rafteur	p.8
Boudins	p.6,12,13	Rappels	p.16,31,37
Claque	p.17,31	Reprises	p.15
Drossage	p.37	Rouleaux	p.16,31,37
Footstraps	p.12	Stops	p.15,16
Jumper	p.16,29	Technique du "bac"	p.15,16
Ligne de vie	p.13	Trip leader	p.39
Olive	p.8,13	Zone de contre	p.15

AVERTISSEMENT

Ce sport peut être dangereux.
Ce livre en est une découverte.
Pour ta sécurité tu dois être responsable.

Crédits photographiques :
Toutes les photos sont de Christian Pedrotti,
sauf pages 15hd, 16g, 20, 21d, 29hg, 29hd, 30, 31h, 33d, 34d, 34b, 36b,
40b, 41b, 41h, 42, 43, 44 de Sylvie Chappaz